DE LA

CRISE FINANCIÈRE

QUI MENACE AUJOURD'HUI LA FRANCE

ET DES

MOYENS D'Y REMÉDIER.

DE LA
CRISE FINANCIERE
qui menace aujourd'hui la France
ET DES
MOYENS D'Y REMÉDIER.

Dans tous les gouvernemens représentatifs, l'intérêt le plus pressant comme le devoir le plus impérieux pour les législateurs, comme pour tous ceux qui sont à la tête de ce genre de gouvernement, sont de modérer autant que possible les dépenses de l'état, comme aussi d'établir et de maintenir le plus grand ordre dans ses finances, car c'est l'argent de ceux dont ils tiennent leurs pouvoirs qu'ils dépensent, et ils doivent leur en rendre le compte le plus fidèle.

Comment se fait-il donc aujourd'hui que nous voyons en France proposer et voter des dépenses d'une utilité douteuse et même des dépenses de luxe, et qu'il y ait dans ses finances un tel désordre que cet état de choses peut amener non seulement une crise financière des plus graves, mais encore une crise politique extrêmement dangereuse ?

Ce sont cependant de pareils faits qui ont produit la

1842

révolution la plus terrible que jamais une nation ait éprouvée, la révolution de 1789 ; et comme mon âge m'a rendu nécessairement le témoin de toutes les causes qui ont provoqué cette révolution, lorsque je vois les mêmes causes se reproduire aujourd'hui, il m'est permis, et je crois de mon devoir, d'exposer les moyens qui me semblent les meilleurs pour préserver mon pays et les miens d'une si épouvantable catastrophe.

D'après ce préambule, quelques uns de mes lecteurs, préoccupés chacun de leurs opinions personnelles, penseront peut-être, les uns que je suis mû par des intentions légitimistes, les autres que je suis en proie à des idées républicaines, et d'autres encore que je désire voir renverser le gouvernement actuel ou remplacer quelques uns de ses ministres ; eh bien ! ils seraient tous dans l'erreur la plus complète, car c'est le gouvernement actuel, le gouvernement représentatif que je préfère, que je désire voir régir mon pays, et cela par une raison bien simple, c'est que je crois ce genre de gouvernement, non seulement nécessaire à la France, mais encore pour elle le seul aujourd'hui possible.

Ma conviction, à cet égard, augmente journellement en voyant tous les peuples, à mesure qu'ils se civilisent, tendre vers ce genre de gouvernement, en prendre tous les jours les idées, la marche, en attendant qu'ils puissent en réclamer tous les bienfaits, car c'est, pour ainsi dire, une force majeure qui les y entraîne pour satisfaire aux besoins qu'amènent tous les jours, chez eux, comme chez nous, les progrès de la civilisation.

En effet, plus les peuples se civilisent, plus se manifestent chez eux des besoins nouveaux, tant généraux que particuliers, aux diverses localités qui composent chaque état; et tous ces besoins nouveaux nécessitent aujourd'hui des dépenses énormes dont les fonds ne pourraient être obtenus des populations, si les contribuables eux-mêmes n'étaient pas appelés à nommer librement entre eux des mandataires qui déterminent la nécessité comme le chiffre de chaque dépense; si ces mandataires n'étaient pas chargés de veiller à ce que la répartition des contributions qui doivent fournir à ces dépenses soient faites entre les contribuables le plus également possible, et enfin s'ils n'avaient pas le droit d'en surveiller l'emploi et de s'en faire rendre compte.

Le gouvernement représentatif peut seul satisfaire à cette exigence de l'époque où nous vivons; aussi depuis 1789, toutes les constitutions, toutes les chartes qui ont été acceptées par la France ont-elles été visiblement rédigées de la manière qui semblait alors la meilleure pour atteindre ce résultat; mais ce résultat, ce but est-il réellement atteint aujourd'hui? c'est ce que je me propose d'examiner dans cet écrit, pensant qu'au moment où la chambre des députés de la France va être renouvelée dans son entier, et à toutes les époques où elle le sera ainsi par la suite, cet instant devra être saisi par tous ses amis sincères pour indiquer tout ce qu'en France la pratique du gouvernement représentatif a pu jusqu'ici faire découvrir d'incomplet et de dangereux, afin que les électeurs, appelés à renouveler la chambre des députés, nomment, en conséquence, ceux d'entre eux qu'ils croient les plus propres à réclamer comme à effectuer les changemens, les réformes nécessaires pour réaliser, parmi eux, tous les bienfaits qu'ils ont le droit d'attendre du gouvernement représentatif.

Mais quels changemens, quelles réformes la pratique

du gouvernement représentatif a-t-elle fait jusqu'ici reconnaître en France comme vraiment utiles, comme véritablement nécessaires ? C'est à cette pratique elle-même à nous le dire ; c'est au temps, seul juge vraiment impartial de toutes les œuvres, à parler. Eh bien, l'œuvre la plus capitale, la plus heureuse suivant moi, qui ait été mise au jour pour le bonheur de la France, a pour elle un laps de temps d'épreuves d'environ trente années, car cette œuvre, c'est la Charte que Louis XVIII a donnée à la France en 1814. Et que l'on ne vienne pas dire ici qu'elle ne convenait pas à sa population ; que la France ne l'a pas acceptée avec reconnaissance, avec amour, car elle s'est insurgée, elle a fait une révolution toute entière pour punir ceux qui avaient osé porter atteinte à cette charte. Aussi, sans aucun doute, sera-t-elle, aux yeux de la postérité, un titre de gloire pour Louis XVIII, plus grand, plus respectable que tous les titres gagnés sur des champs de batailles.

A cette occasion, mes souvenirs m'ont toujours rappelé qu'en 1789, Louis XVIII, alors Monsieur, frère de Louis XVI, avait manifesté le désir que son frère fît alors lui-même dans l'état des réformes qui eussent pu prévenir la révolution prête à éclater, et que, dénoncé pour ce fait par la cour de son frère qui dominait encore à Versailles, il fut, dès cette époque, forcé de sortir de la France. Je n'ai donc pas été surpris que, frappé dèslors de tous les abus de l'ancien régime, et ayant dû depuis occuper toutes ses pensées à méditer sur toutes les lois qui pouvaient rendre le bonheur à son pays, il lui ait donné, en montant sur le trône, cette charte immortelle qu'il a su établir, comme il a su, avec la plus grande fermeté, la conserver intacte tant qu'il a vécu, malgré le mécontentement d'une partie des hommes de sa cour, qui se permettaient de crier autour de lui : *Vive le roi quand même !*

Ce sont les mêmes insensés qui, depuis, ont perdu Charles X.

Une preuve encore de l'attachement que portait la France à la charte de Louis XVIII, c'est que la charte de 1830 n'est que la copie presque littérale de sa charte de 1814 ; et nous allons voir tout-à-l'heure à quel point est aujourd'hui funeste le seul changement un peu notable qui a été apporté en 1830 à la charte de 1814. Louis XVIII, en combinant la force respective des trois pouvoirs qui devaient, dans sa charte, constituer le gouvernement représentatif, a voulu évidemment que la chambre des pairs fût composée de manière à posséder la force nécessaire pour s'interposer entre les deux autres pouvoirs, si l'un ou l'autre voulait franchir la ligne des attributions dont il avait doté chacun d'eux. Il avait, en conséquence appelé, pour former la chambre des pairs, les illustrations de toutes les époques qui s'étaient fait un nom recommandable dans la société, et il avait donné à cette chambre l'hérédité, afin qu'elle eût toute l'indépendance et par conséquent toute la force nécessaire pour remplir la place qu'il voulait qu'elle occupât dans l'organisation du gouvernement représentatif ; mais lors de la confection de la charte de 1830, je ne sais quel mauvais génie voulut qu'une disposition aussi utile, aussi nécessaire fût changée. L'on peut se rappeler à cette occasion avec quelle force, avec quelle persistance Casimir Périer s'opposait à ce changement ; et l'on doit regretter vivement que la longue expérience, la haute capacité de l'homme d'état dont la France peut le plus s'enorgueillir, aient été ainsi écartées, car le temps a prouvé combien est vicieux le mode d'après lequel la chambre des pairs a été créée et s'est perpétuée depuis 1830.

En effet, est-il possible que la chambre des pairs oppose des bornes au pouvoir administratif s'il se permettait de franchir les bornes qui lui sont assignées par la charte, et qu'il la force à l'exécuter tout entière, puisque c'est ce pouvoir administratif lui-même qui nomme aujourd'hui tous les membres de la chambre des pairs, mais sans leur conférer l'hérédité, qui est la meilleure garantie de l'indépendance que Louis XVIII avait voulu assurer à cette chambre dans sa charte de 1814.

Je suis loin de méconnaître les capacités, les célébrités des membres qui composent aujourd'hui la plus grande partie de la chambre des pairs; mais ce sont des capacités, des célébrités qui, placées ainsi, deviennent nulles pour la France; aussi la France entière et la chambre des pairs elle-même manifestent chaque année de vives plaintes à ce sujet.

L'on me dira peut-être que si le mode de la nomination des membres de la chambre des pairs est vicieux suivant la charte de 1830, on peut reprocher à la charte de 1814 d'admettre dans cette chambre, par l'hérédité, des membres souvent incapables de remplir les fonctions qui leur étaient attribuées, malgré tout le mérite que leurs ancêtres avaient déployé; mais quoiqu'il soit facile de réfuter en partie cette objection par l'exemple d'une chambre ainsi constituée en Angleterre, qui sait faire respecter la constitution qui régit cette nation, comme je ne viens pas ici faire une vaine critique pour des maux qui seraient irréparables, je vais soumettre à mes lecteurs un mode qui, je l'espère, leur paraîtra préférable à ceux adoptés pour la composition de la chambre des pairs, et par la charte de 1830 et par celle de 1814, lequel serait ainsi en parfaite harmonie avec le gouvernement représentatif qui régit aujourd'hui la France.

Ce mode consisterait à faire nommer, à chaque réunion générale de tous les colléges électoraux de la France, un nombre de pairs égal à celui des membres que la chambre des pairs aurait perdus depuis la dernière réunion de tous les colléges électoraux.

Par ce mode, tous les Français seraient éligibles, sans exception de cens, de position administrative, judiciaire ou sociale; et ce seraient ceux dont les noms auraient réuni le plus de voix dans la totalité de ces colléges, qui seraient proclamés pairs de France, parce qu'ils le seraient bien en effet.

Tous mes lecteurs comprendront facilement combien de pareilles récompenses ainsi décernées exciteraient de nobles émulations parmi les hautes intelligences qui se sentiraient capables d'être utiles à leur pays, et quelle facilité aurait bientôt la France pour trouver des hommes d'état capables de la gouverner dignement, hommes d'état que souvent en France on cherche vainement aujourd'hui.

Après avoir montré le mal que produit en ce moment ce changement apporté à la charte de Louis XVIII et en avoir indiqué le remède, je vais examiner sous d'autres rapports si au moins toute la charte de 1830 est aujourd'hui dans son esprit comme dans son texte fidèlement exécutée.

Les principales causes de la révolution de 1789 ont été d'une part l'inégalité des hommes devant la loi; de l'autre l'inégalité avec laquelle étaient réparties les contributions qui étaient nécessaires pour faire face aux charges de l'État; aussi Louis XVIII, qui avait reconnu le mal immense que ces deux causes avaient produit sous l'ancien régime, a-t-il eu soin de proclamer à la tête de la charte qu'il a donnée à la France :

1° *Que tous les Français sont égaux devant la loi, quels que soient d'ailleurs leurs titres et leurs rangs;*

2° *Qu'ils contribuent indistinctement en proportion de leur fortune aux charges de l'État.*

Ces deux prescriptions de la charte de 1814 comme de celle de 1830 étant les plus essentielles comme les plus fermes bases du gouvernement représentatif, je vais examiner la manière dont elles sont aujourd'hui exécutées.

Pour que les hommes soient tous égaux devant la loi, il faut que la liberté de leur personne, la libre manifestation de leur pensée, la propriété de tous leurs biens soient également protégées et garanties par les lois.

A cet égard, je m'applaudis tous les jours de vivre sous l'institution du jury, qui assure également à tous cette liberté de leurs personnes, cette libre manifestation de leurs pensées voulues par la charte de 1830 ; ce qui a fait dire avec raison que cette institution qui existe, aussi en Angleterre, réalise, autant que possible, ce que l'on peut véritablement appeler le *jugement du pays.*

Des doutes cependant se sont élevés depuis peu relativement à certaines listes du jury à l'intégrité desquelles quelques autorités administratives ont été accusées d'avoir porté atteinte; mais ces reproches sont trop graves pour que l'autorité administrative ne désire pas elle-même y apporter le remède nécessaire.

Si donc elle croit que la composition de ces listes telle qu'elle existe aujourd'hui présente quelques dangers, il faut qu'elle demande aux chambres une loi qui puisse les prévenir en écartant de cette liste tous ceux que l'on pourrait soupçonner de partialité soit pour, soit contre les autorités administratives; et pour que ma façon de penser à cet égard soit mieux comprise, je désirerais, par exemple, que l'autorité administrative eût la faculté de laisser subsister sur les listes du jury les trois quarts des noms qui y sont inscrits dans chaque canton, et que tous les électeurs qui sont aptes à nommer dans chaque canton soit les conseils municipaux, soit seulement les conseils d'arrondissement et de département, pussent aussi faire un choix jusqu'à concurrence de moitié au plus sur tous les membres de leur canton restés inscrits sur les listes d'après le choix qui en aurait été fait précédemment par les autorités administratives; il me semble qu'après des choix ainsi respectivement faits, il ne devrait rester inscrites sur les listes du jury que des personnes d'une impartialité incontestée et dont les jugemens pourraient être encore mieux appelés les jugemens du pays.

Après avoir montré comment la liberté des personnes et la libre manifestation de la pensée sont aujourd'hui garanties en France, il me reste à examiner comment l'est aussi la propriété des biens.

A ce sujet, j'ai encore à féliciter mon pays de la manière avec laquelle les tribunaux civils jugent aujourd'hui en France toutes les difficultés qui naissent entre les citoyens relativement à la propriété de leurs biens; de justes plaintes s'élèvent rarement à cet égard ; la presque totalité des juges est vraiment plus éclairée, plus remplie d'équité qu'ils ne l'étaient autrefois en France, et je ne crois pas qu'il y ait aujourd'hui en Europe un seul État où la justice soit mieux rendue.

Mais si les procès qui naissent entre les particuliers sont regardés comme équitablement jugés par les tribunaux civils, pourquoi les mêmes tribunaux ne jugent-ils pas également toutes les difficultés qui s'élèvent entre les particuliers et les pouvoirs administratifs, qui ne peuvent jamais prendre de détermination à l'égard des particuliers que conformément aux lois ; les tribunaux civils cependant connaissent déjà de certaines matières comme celles relatives aux droits d'enregistrement, aux droits électoraux ; et, d'ordinaire, leurs jugemens sur ces matières sont regardés comme exempts de partialité ; mais il n'en est pas de même de ceux qui interviennent entre les particuliers et les autorités administratives, lorsque ces difficultés doivent être portées devant d'autres autorités administratives ou amovibles, parce qu'alors, à tort ou à raison, les jugemens rendus par ces dernières autorités ne provoquent pas la même confiance que celle qui est accordée aux tribunaux civils, puisque c'est l'administration elle-même ou les autorités amovibles qui jugent ces actes qui presque toujours émanent de personnes choisies et nommées par les autorités administratives elles-mêmes.

Ce mal se fait sentir depuis longtemps en France, et il tend à s'aggraver aujourd'hui de la manière la plus fâcheuse en laissant, à tort ou à raison, soupçonner que les jugemens administratifs peuvent être influencés par des considérations qui tiennent plus à la politique qu'à la justice.

Ce mal enfin est augmenté au point qu'il embarrasse déjà l'administration elle-même, car pourra-t-elle sans une grande irritation opérer aujourd'hui, partout, le recensement reconnu légal, il est vrai, mais à condition que les plaintes que cette opération provoquera ne seront jugées par aucune autorité administrative ou amovible.

Il est donc à désirer, aujourd'hui que toutes les difficultés qui naîtront entre les particuliers et les autorités administratives soient portées devant les tribunaux civils, et ne faudrait-il pas même qu'il fût créé, surtout auprès des cours royales et de la cour de cassation, une section de juges qui ferait ses rapports sur ses difficultés devant les chambres assemblées, qui jugeraient ces questions comme elles jugent les affaires civiles ; car, en même temps, elles en fixeraient aussi la jurisprudence, sauf aux ministres ou aux chambres à provoquer des modifications ou de nouvelles lois sans permettre que des ordonnances en tinssent jamais lieu, car j'ai vu de graves inconvéniens résulter d'un réglement légalisé seulement par des ordonnances ; tout le département de l'Eure en a été témoin.

Mes lecteurs ne seront pas étonnés d'un tel désordre quand je leur aurai fait connaître celui qui existe aujourd'hui au ministère des finances, relativement à la répartition de la contribution foncière.

L'un des articles que l'on voit en tête de la charte de 1830, comme il était en tête de la charte de 1814, porte que tous les Français *devront contribuer indistinctement dans la proportion de leur fortune aux charges de l'Etat,* et comme la première cause, celle qui a le plus violemment provoqué la révolution de 1789, a été, sous l'ancien régime, la grande inégalité de la répartition des charges de l'Etat, le premier soin de Louis XVIII a été de consacrer, à la tête de la charte qu'il a donnée à la France, ce principe de toute équité que tous les membres d'une même société doivent contribuer également aux charges communes dans la proportion de leur fortune.

Comment donc se fait-il que ce même principe que

tous les pouvoirs actuels de la France ont juré de faire exécuter, soit aujourd'hui violé ouvertement comme on va le voir.

Dès le commencement de la révolution de 1789, la nécessité d'un cadastre fût reconnue, mais les assignats qui changèrent bientôt inégalement de valeur dans chaque département, ensuite la rareté du numéraire qui reparut plus ou moins lentement dans chacun d'eux, plus encore les baux qui avaient été faits pendant le règne des assignats, et cette rareté plus ou moins grande du numéraire, lesquels baux étaient la seule base que l'on pût consulter pour apprécier le véritable revenu des biens, tous ces obstacles empêchèrent pendant longtemps que l'on pût s'occuper de la confection du cadastre.

Ce ne fut donc que vers l'année 1808 que le cadastre put être commencé, et Bonaparte, qui était trop éclairé pour ne pas sentir de quelle importance ce travail était pour le trésor et pour la France, l'accéléra le plus possible.

On a avancé que la répartition actuelle de l'impôt foncier, qui date du commencement de la révolution de 1789, avait été faite sur de justes bases ; mais où aurait-on pu les prendre ces bases, puisqu'alors on ne connaissait pas en France les revenus ni même la contenance de tous les biens dont une grande partie n'étaient pas même imposés, car ce fut là, comme je l'ai déjà dit, une des principales causes de la révolution de 1789 ?

Il faut, d'ailleurs, n'avoir pas lu l'histoire de son pays, ou avoir une grande aptitude à l'oublier, pour ne pas savoir que cette révolution a voulu tout abattre, tout niveler, les hommes et les choses ; et que si la révolution avait pu dès-lors niveler l'impôt comme tout fut nivelé par elle, elle l'eût fait certainement, mais dans l'impossibilité matérielle où elle était d'en venir à bout, elle fit une répartition provisoire de l'impôt foncier, tant bien que mal, parce qu'il lui en fallait un ; mais , en même temps, un cadastre fut reconnu nécessaire et résolu , et l'on vient de voir tous les obstacles insurmontables qui ont, pendant longtemps, retardé sa confection.

Le cadastre qui a été commencé en France, il y a plus de trente années, était un travail de toute nécessité, sans lequel il aurait été impossible de connaître quel était exactement le revenu foncier de chaque propriétaire ; mais, dès le temps de la restauration, un dégrèvement de l'impôt foncier fut donné à certains départemens en raison de la surcharge qu'ils éprouvaient en comparaison des autres départemens, proportions que l'on connaissait déjà parce que le travail du cadastre les avait déjà révélées ; mais ces proportions ont été bientôt publiquement constatées dans un travail fait par l'honorable député M. Dugabé, lequel a montré l'énorme inégalité qui existe encore d'après le cadastre dans la répartition de l'impôt foncier entre tous les départemens de la France en raison de leurs revenus territoriaux. Il en résulte que certains départemens ne paient que le quinzième de leurs revenus, tandis que d'autres en paient le cinquième, c'est-à-dire trois fois plus que les premiers, d'où il résulte aussi que depuis le temps qu'existe cette monstrueuse inégalité, les départemens surchargés ont payé plus d'un milliard en sus de ce qu'ils devaient, et plus de deux milliards si l'on compte les intérêts des sommes avancées chaque année, comme il est de toute justice de le faire.

Membre du conseil général du département de l'Eure, qui est un des départemens les plus surchargés, et qui, en conséquence, a le plus souffert dans son agriculture, dans ses moyens d'amélioration et de reproduction, par l'effet de cette soustraction aussi énorme qu'injuste de ses capitaux; me trouvant dans l'impossibilité, comme je l'ai plus haut démontré, d'assigner comme particulier, devant les tribunaux civils, M. le ministre des finances, qui a depuis longtemps dans ses bureaux toutes les pièces nécessaires pour opérer la péréquation de l'impôt foncier entre tous les départemens, parce que les tribunaux civils se seraient déclarés incompétens, je me suis cru forcé depuis quelques années, toujours comme particulier, de faire distribuer à Paris, à MM. les membres des deux chambres, deux écrits relatifs à cette question dans lesquels j'exprimai d'énergiques réclamations ; mais c'est en vain, tout jusqu'ici a été inutile, seulement cette question a été agitée un instant le 18 juin 1840 dans la chambre des députés, lors de la discussion du budget des recettes, et l'objection véritablement la plus sérieuse qui ait été faite à ce sujet a été qu'il n'y avait pas de ministre des finances qui fût curieux de s'occuper de la péréquation, et ce, par une raison bien sensible a-t-il été dit : c'est que les départemens surchargés exprimeraient faiblement leur reconnaissance, tandis que les autres départemens feraient entendre des cris de mécontentement de la plus grande énergie, comme si des administrateurs impassibles comme ils doivent l'être, peuvent s'inquiéter de l'effet que produiraient leurs décisions lorsqu'elles réformeraient des iniquités flagrantes et monstrueuses, et qu'elles ne feraient qu'exécuter la plus formelle des lois.

Voyant que ma réclamation individuelle n'avait pas éveillé dans la chambre des députés toute la sollicitude que j'espérais, j'ai désiré lui faire acquérir toute la force que dans ma position il m'était permis de lui donner, en priant le conseil général du département de l'Eure, dont je fais partie, de vouloir bien réclamer de M. le ministre des finances la péréquation de l'impôt foncier entre tous les départemens, et c'est à l'unanimité que ce conseil a accédé à cette demande : j'espère donc qu'ainsi présentée, M. le ministre des finances sentira enfin la nécessité de soumettre cette péréquation à la prochaine session des chambres.

. Cette mesure est d'autant plus urgente que dans cette même session du conseil général du département de l'Eure, un incident a fait voir que l'inégalité de la répartition de l'impôt foncier produirait encore d'autres désordres, qui jusqu'ici avaient été inaperçus des contribuables. En effet, quelques membres du conseil général de l'Eure ayant désiré que ce conseil fît la demande à MM. les ministres d'une part plus forte dans le fond commun applicable à des dépenses départementales, lequel est à la disposition de M. le ministre, il fut objecté par M. le secrétaire général du ministère de l'intérieur, qui est membre du conseil général de l'Eure, qu'il serait impossible d'augmenter cette part du fond commun pour le département de l'Eure, d'autres départemens éprouvant des besoins bien plus grands que celui de l'Eure ; et ce fait m'a paru devoir être de la plus grande exactitude, car dans les départemens qui ne paient, par exemple, que le quinzième de leurs revenus fonciers, les centimes additionnels applicables à leurs dépenses départementales ne pouvant être perçus qu'en raison du capital de leur impôt foncier, et cet impôt foncier étant très minime dans ces départemens, les centimes additionnels, en raison de ce capital, ne peuvent donner qu'une somme très faible pour faire face à leurs dépenses départementales ; de sorte que pour subvenir à ces dépenses, M. le ministre est obligé de leur donner une plus grande part dans le fond commun, d'où il résulte évidemment que non seulement le département de l'Eure, outre le capital d'un impôt outre mesure, et de centimes additionnels en conséquence très considérables, est obligé encore de subvenir aux dépenses départementales des départemens qui sont extrêmement moins chargés que lui ; car personne n'ignore que le fond commun applicable à ces dépenses est pris sur la masse des impôts que tous les départemens ont contribué à former ; le département de l'Eure comme tous les autres.

Eh bien ! je le demande, est-il possible de concevoir un désordre plus épouvantable et de voir de sang-froid des iniquités s'agglomérant ainsi à d'autres iniquités, et cela, lorsque les finances d'un peuple sont dans l'état le plus déplorable, et ont plus que jamais besoin d'être régularisées et administrées avec le plus grand ordre ?

Je vais démontrer en ce moment qu'il est de toute nécessité que, dans la plus prochaine session, la répartition égale de l'impôt foncier, d'après le revenu positif de chaque département, soit présentée aux chambres, car c'est de cette mesure que ressortira, comme on va le voir, le seul moyen qui reste aujourd'hui aux ministres pour sauver la France de la crise financière qui la menace.

En effet, MM. les ministres, comme les chambres, n'ont jamais pu exécuter jusqu'ici l'art. 2 de la charte, qui veut que tous les Français contribuent également aux charges de l'État en proportion de leur fortune, puisqu'ils n'ont pas su jusqu'ici dans quelle proportion, avec leurs revenus, l'impôt foncier également réparti devra faire contribuer toutes les propriétés immobilières ; mais dès que la répartition égale de l'impôt foncier aura fait connaître cette proportion, que ce soit le sixième, le huitième, le dixième des revenus fonciers ou un autre chiffre, il est évident que MM. les ministres et les chambres seront dans l'obligation de faire contribuer aux charges de l'État toutes les propriétés, tous les revenus mobiliers dans la même proportion dans laquelle toutes les propriétés immobilières paieront leur impôt foncier.

Nul doute cependant qu'à l'instant même d'affreuses clameurs seront proférées par la plus grande partie de ceux qui entourent et MM. les ministres et MM. les membres des deux chambres, car c'est à Paris principalement et près d'eux qu'habitent les chefs et employés de tous les bureaux, une grande partie des hauts fonctionnaires, et de plus les possesseurs de rentes sur l'État, les capitalistes, les banquiers, et cette foule de possesseurs de valeurs mobilières qui n'ont pas jusqu'ici contribué comme ils le devaient aux charges de l'État.

Je suis sûr que, par la faute de MM. les ministres, qui ont laissé s'enraciner des habitudes, des idées bien funestes au trésor, la plupart d'entre eux sont persuadés qu'ils ont jusqu'ici contribué, en raison de leurs revenus, comme les propriétaires fonciers, aux charges de l'État, parce qu'ils ont payé exactement l'impôt appelé mobilier; mais les possesseurs de propriétés immobilières l'ont payé comme eux, cet impôt, en raison de la valeur locative de leurs habitations, mais aussi ils ont payé en outre l'impôt foncier de la terre qui leur produit chaque année le revenu avec lequel ils paient le loyer de la maison qu'ils habitent.

Pour parvenir, aux termes de la charte, à faire contribuer également tous les Français aux charges de l'État en proportion de leurs fortunes, il est évident qu'il faudrait aujourd'hui créer un second impôt mobilier qui devrait atteindre tous les revenus mobiliers dans la même proportion que l'impôt foncier atteindra le revenu fon-

cier ; mais comme l'impôt à mettre sur des revenus mobiliers ne pourra jamais avoir de bases plus raisonnables
que la valeur locative des habitations , il faudrait qu'une
loi fixât ce que chaque valeur locative fait présumer de
revenu à celui qui a loué l'habitation à laquelle est affec-
tée cette valeur locative , valeur qui devrait être portée à
un tel minimum qu'il ne fût pas possible de se tromper
sur cette présomption , afin qu'ensuite ce revenu pré-
sumé fût imposé dans la même proportion que le revenu
foncier.

Mais , dira-t-on avec vérité , les propriétaires des
revenus fonciers payeront ce nouvel impôt comme les
propriétaires de revenus mobiliers, car on ne peut savoir
avec quelle nature de revenus chacun paie la valeur locative de l'habitation qu'il occupe , mais il y aura un
moyen bien simple et qui serait bien utile , d'obvier à
cet inconvénient , et ce moyen consisterait à exempter de
ce nouvel impôt tout propriétaire foncier qui habiterait
soit le département, soit l'arrondissement, soit le canton,
soit la commune dans lesquels il paierait une somme
d'impôt foncier au moins égale à ce nouvel impôt mobilier.

Par cette mesure , vous préviendriez l'augmentation
toujours croissante de la capitale, qui menace de plus en
plus les mœurs et la tranquillité de toute la France , et
vous serviriez efficacement son agriculture qui a , plus
que toutes les industries, besoin de capitaux , et de voir
les propriétaires de ses champs habiter près d'eux, s'atta-
cher à ce genre de possession. Enfin, la plus grande partie
des propriétaires fonciers qui ne vont pas habiter la capitale seraient ainsi exempts de cette seconde taxe du
mobilier qui atteindrait enfin tous les revenus et les capitaux mobiliers , le tout sans injustices , puisqu'ils

paieraient dans la même proportion que les possesseurs de propriétés immobilières.

Tel est le moyen que je propose pour fournir aujourd'hui au trésor une grande partie des ressources dont il a besoin, moyen qui non seulement s'accorde avec les prescriptions de la charte, mais qui est commandé par elle de la manière la plus formelle.

Après avoir examiné les changemens qu'en France la pratique du gouvernement représentatif a fait jusqu'ici reconnaître comme nécessaires, il me reste une tâche bien pénible à remplir, puisqu'il s'agit des accusations qui sont journellement portées contre les ministres que l'on taxe de vouloir influencer, dans les colléges électoraux, les nominations qui vont se faire des membres qui doivent composer la chambre des députés ; et, pour éviter un pareil scandale qui déshonore toute la France, dont les électeurs sont les mandataires, les électeurs n'ont d'autres ressources, si le fait est vrai, que de trouver le moyen d'ôter aux corps administratifs la nomination des places puisqu'ils en abusent, ce qui pourrait être un bien même pour les ministres, auxquels une foule d'ambitieux ne feraient plus, à la chambre, d'oppositions systématiques pour obtenir ces mêmes places. J'ai observé, en conséquence, qu'en laissant seulement aux ministres la nomination de MM. les préfets, sous-préfets, maires et commissaires de police ; celles de tous les parquets, des cours et tribunaux, et des chefs seulement de division dans les ministères, préfectures, sous-préfectures et mairies, toutes les autres places pourraient être données de la manière suivante :

Tous les aspirans aux places à donner, qui seraient munis de certificats de bonnes vies et mœurs donnés par les maires de toutes les communes dans lesquelles ils auraient demeuré, ou par la majorité des membres du jury de leur canton, restés sur la liste après l'épuration dont j'ai parlé, et munis en outre de certificats de capacité donnés par des commissions composées d'après une loi *ad hoc*, tous ces aspirans se feraient inscrire sur la liste de ceux qui demanderaient telle ou telle place, mais jamais sur plusieures listes ensemble donnant droit à plus d'une place, et le sort donnerait publiquement cette place à celui dont le nom sortirait le premier ou le deuxième, ou autrement, suivant le règlement qui serait adopté à cet égard.

De cette manière les places ne seraient plus données à l'intrigue ou à la faveur, et les places seraient plus certainement remplies par des hommes capables qu'elles ne le sont souvent aujourd'hui ; une fois entrés dans une carrière, les avancemens comme à l'armée seraient réglés par l'ancienneté.

Étant enfin arrivé au terme que je m'étais prescrit, j'offre aux électeurs de mon arrondissement ces réflexions que m'a suggérées l'amour sincère que j'ai toujours porté à mon pays, qui sont le fruit d'une bien longue expérience qui m'a forcé souvent de me méfier de bien des hommes et m'a fait craindre surtout les révolutions.

Je les supplie d'envoyer à la chambre l'homme le plus instruit, le plus capable qu'ils ayent été à même de connaître, dont l'indépendance surtout n'ait jamais failli, et dont la position sociale ne permette pas de le craindre.

LEVACHER-D'URCLÉ

Membre du Conseil général du département de l'Eure.

VINGHON, Imprimeur, rue J. J. Rousseau, 8.

www.ingramcontent.com/pod-product-compliance
Lightning Source LLC
Chambersburg PA
CBHW051210050726
47594CB00007B/3142